Henrike Müller

Fastenzeitbegleiter Zero

weniger ist mehr

camino.
gemeinsam auf dem Weg

HENRIKE MÜLLER

FASTENZEITBEGLEITER
ZERO

WENIGER IST MEHR

camino.

Impressum

1. Auflage 2021

Ein camino.-Buch aus der
© Verlag Katholisches Bibelwerk GmbH, Stuttgart, 2021
Alle Rechte vorbehalten.

Gesamtgestaltung und Satz:
Weiß-Freiburg GmbH – Grafik und Buchgestaltung, Freiburg i. Br.

Hersteller gemäß ProdSG:
Druck und Bindung: Finidr s.r.o., Lípová 1965,
737 01 Cěský Těšín, Czech Republic
Verlag: Verlag Katholisches Bibelwerk GmbH, Deckerstraße 39, 70372 Stuttgart

www.bibelwerkverlag.de

ISBN 978-3-96157-147-5

INHALT

DREI, ZWEI, EINS, ZERO – 40 TAGE BEWUSSTER KONSUMIEREN

Eine gute Zeit hat begonnen.
Der Plan: bis Ostern den Gehirnzellen eine
Frischekur anzubieten und mit guten Ideen für dich
selbst zu sorgen. Am Ende wirst du wissen, was du
wirklich brauchst. Es sind vierzig geschenkte Tage.
Ein Geschenk, das du dir selber machst.

Tage der Ruhe, Tage der inneren Freiheit, Tage des
Bewusstseins, dass du ein Teil von allem bist. Wir leben in
einem der reichsten Länder der Welt; es geht ums Teilen
und darum, was ich wirklich brauche und was der andere
braucht. Es geht um nicht weniger als um die Bewahrung
der Schöpfung. Konsum zerstört, Besitz korrumpiert.

Wie viel ist genug? Finde es heraus
und stelle dich dabei der 40-Tage-Challenge
zum bewussteren Konsum, Konsumverzicht und
damit verbunden dem konkreten Ausprobieren neuer
Lösungen. Entscheide täglich, wie du leben willst.

1

ASCHERMITTWOCH

HOCH DIE TASSEN ODER:
EINFACH ZU VIELE IM SCHRANK

Die Strategie ist gefunden, jetzt brennst du
darauf, zur Tat zu schreiten. Erste Ansätze liefert
dein direktes Umfeld. Tendenziell sammeln sich
die Dinge in Stapeln, Ecken und Regalen. Bilder-
Pinnwände und Erinnerungsstücke auf dem
Fensterbrett, Wandbretter mit Geschirrteilen,
eine Schuhsammlung beileibe nicht nur für die
vier Jahreszeiten... Brauchst du wirklich so viele
Tassen im Schrank? Welchen Schuh ziehst du
(dir) ohnehin nicht mehr an? Heute ist Inventur.
Gehe deine Zimmer einzeln durch und fertige
eine Bestandsaufnahme an. Suche dir für die
kommenden Tage jeweils einen Bereich aus, der zu
voll ist. Ein erstes Erfolgserlebnis verspricht der
Küchenschrank. Sortiere alle Tassen aus, die dir
nicht (mehr) gefallen. Stell' sie „zum Verschenken"
vor die Haustür. Danach gibt es einen Tee aus
deiner Lieblingstasse.

2

DONNERSTAG

ZEITUNGEN ZU MALERSCHIFFCHEN

Nichts ist so alt wie die Zeitung vom Vortag!
Sicherlich entsorgst du Gedrucktes in die
Papiertonne. Auch die sogenannten Wertstoffe
werden säuberlich getrennt und ihrer
Wiederverwendung zugeführt. Insgesamt wäre
es dennoch besser, alle Sorten Müll einfach zu
reduzieren. – Gelber Sack und Restmüll sind
schon wieder voll; Pfandflaschen stapeln sich und
müssen weggebracht werden? Von selbst wird es
kein Ende nehmen – das Müllproblem erfordert
ein radikaleres Umdenken. Gerade in der Küche
kann man mehr tun, als Biomülltüten aus alten
Zeitungen herzustellen. Statt Spülschwämmen aus
Kunststoff lieber Baumwoll-Lappen verwenden!
Geschirrspülmittel muss nicht gekauft werden,
sondern ist selbst gemacht aus Kernseife,
Natron und Wasser genauso gut.
Natron kannst du auch sonst
vielfältig im Haushalt einsetzen!
www.utopia.de

3

FREITAG

PLASTIKFREI
IM BADEZIMMER

Pflegeprodukte können plastikfrei ersetzt werden, wenn sie aufgebraucht sind. Es gibt Lösungen wie Bambuszahnbürste, Zahnseide ohne Plastik, Seife am Stück, Zahnputztabletten, nachfüllbare Kosmetik. So funktioniert DIY-Naturseife (Zutaten für zwei Seifen): 250g unparfümierte Bio-Olivenseife mit einer Reibe möglichst kleinraspeln, die Seifenspäne im Wasserbad schmelzen lassen. Danach 50 ml Kokos- oder Olivenöl dazugeben und eventuell 10 Tropfen ätherisches Öl mit deinem Lieblingsduft. Die flüssige Seife in Silikonförmchen geben (für Eiswürfel, Pralinen oder Muffins). Seifenstücke in Ruhe trocknen lassen, dann lösen sie sich besser aus der Form. Für eine persönliche Note kannst du getrocknete Kräuter, Rosenblätter oder auch geriebene Zitronenschale mit in die Seifenmasse geben. Ein schönes Geschenk ohne Risiken oder Nebenwirkungen!

4

SAMSTAG

WIE WAR DAS MIT
DEM LETZTEN SCHREI

Die meisten Klamotten werden heute in den großen Textilfabriken in Bangladesch, China oder Pakistan angefertigt. Kaum ein Hersteller leistet es sich, in Europa nähen zu lassen – zumal die erforderliche Infrastruktur dafür gar nicht mehr vorhanden ist und „Handarbeit" somit zu aufwendig wäre. Doch tatsächlich entsteht aus Handarbeit das Lieblingsstück und nicht mit dem „letzten Schrei" der Textilindustrie! Hochwertige Rohstoffe sind bereits vorhanden – schau' mal auf Tauschbörsen und Flohmärkten, im eigenen Kleiderschrank oder sogar in dem der Großeltern, die ihre besten Stücke lange aufbewahren. Gönne dir den wahren Luxus und upgrade ein paar Stücke zu deiner Lieblingskollektion. Samstag ist der beliebteste Shoppingtag. Aber brauchst du wirklich Neues? Stop shopping oder gehe in deinem eigenen Kleiderschrank einkaufen! Suche fünf Teile, die du schon ein Jahr nicht mehr getragen hast, und probiere sie an. Vielleicht entdeckst du zeitlos Schönes neu.

5

SONNTAG

IM FOKUS:
DAS WAHRE LEBEN

Wir ziehen selbstbestätigt mit online-Freunden durch das Leben und konzentrieren uns dabei wenig auf die Belange echter Menschen. Ein Dutzend Likes! XY Follower! Daumen hoch und viele Herzchen bei Instagram! Es könnte sein, dass uns das wahre Leben ein wenig aus dem Blick gerät in diesen Zeiten. Auch als Verweigerer der „sozialen Medien" führt am Internet kaum ein Weg vorbei. Selbst Kinder geraten zur Nebensache, wenn Mama und Papa posten, was das Zeug hält. Am Ende des Tages ist es jedoch die Qualität der menschlichen Beziehung, die unser Leben erfüllt. Halte ein und besinne dich: Was willst du dieses Jahr unbedingt machen oder erleben? Welche Menschen willst du treffen? Entscheide aus dem Bauch heraus und mache eine Idee gleich konkret, indem du alte Freunde anrufst, spontan mit deinen Geschwistern Kaffee trinken gehst, eine Radtour unternimmst...

6

MONTAG

MACH' MAL „TEMPO"
LIEBER SELBER

Die Erfolgsgeschichte des Papiertaschentuchs
ist untrennbar mit der Marke Tempo verbunden.
Für diesen Produktnamen konnte in den Jahren des
Wirtschaftswunders durch Millionenbudgets in der
Fernsehwerbung ein Marketingmythos aufgebaut
werden, der bis heute funktioniert und unsere
Kaufentscheidungen steuert. Im entschlossenen
Einsatz bei Erkältungen haben Einmaltaschentücher
natürlich ihre Berechtigung. Für rein kosmetische
Zwecke ist jedoch die Verwendung von
Stofftaschentüchern ein Statement. Schön
gebügelt und mit (d)einem Monogramm versehen,
sind sie schnell und ohne Plastikverpackung zur
Hand. Bewährt bei Malheurs aller Art und mit dem
so schlichten wie berühmten Knoten auch jederzeit
die perfekte Gedächtnisstütze. Übrigens:
Auch Papierservietten oder Küchenrolle gibt
es waschbar zur Wiederverwendung!

7

DIENSTAG

BALSAM
FÜR DIE SEELE

Waldbaden gilt als neuer Trend, Wandern erlebt ein großes Comeback. Je mehr die Klimaveränderung an unseren Bäumen nagt, umso stärker wachsen sie uns ans Herz. Auch in der kühlen Jahreszeit zeigt die Natur ihre Wunder. In krispiger Luft spürst du deine Lungen beim Atemholen, auf dem Boden knirschen deine Schritte. Waldboden federt und im Winter siehst du neugierige Hasen, die ihre Haken schlagen, und Rehe, die sich zur Nahrungssuche auf die offenen Felder wagen. Für das richtig große Walderlebnis fehlt dir heute die Muße? Nimm' dir eine Mini-Auszeit. Stell' dir den Wald deiner Kindheit vor: die riesigen Bäume, das frische Moos, Tannennadeln und Vogelstimmen. Vielleicht erinnerst du dich an ein Bächlein oder tiefe Pfützen auf unebenen Wegen. Schau' für fünf Minuten ins Freie und staune, welche Ideen kommen.

8

MITTWOCH

WAS WÄCHST DENN DA – KLEINE PFLANZENKUNDE

Die weisen Frauen des Mittelalters, allen voran die sagenhafte Hildegard von Bingen, hinterließen uns früh ihre Erkenntnisse und Rezepturen über alle möglichen Heilkräuter. In einer Zeit, die keine chemischen Arzneimittel kannte, nahmen die Schätze der Natur einen ganz besonderen Platz ein. Heute sind es Bienen, Schmetterlinge und Käfer, die mehr als wir auf bestimmte Pflanzen angewiesen sind. Es gilt, ihnen schnell neuen Lebensraum zurückzugeben – dafür soll uns jedes Mittel recht sein! Nutze diesen Tag und informiere dich über Blühmischungen wie die „Bienenweide". Findest du ein Stückchen Erde, um zu gegebener Zeit etwas davon auszusäen? In Töpfen oder Balkonkästen kannst du jetzt schon drinnen Kräuter ziehen, die auch Kochrezepten einzigartigen Geschmack verleihen. Mache dir heute die entschlackende Wirkung von Brennnesselblättern als Tee zunutze.

9

DONNERSTAG

ZEIGT HER EURE FÜSSE, ZEIGT HER EURE SCHUH'

Es ist kompliziert mit Schuhen: Sind sie bequem und schön und trägt man sie oft, so werden sie bald unansehnlich mit schiefen Absätzen und abgewetzten Seiten. Sind sie modisch und nicht ganz so bequem, merkt man es oft zu spät. Früher oder später finden sich alle Schuhpaare im Schuhschrank wieder. Getragen oder ungetragen – die Trennung fällt in jedem Fall schwer. Werden wir jemals genügend Schuhe haben? Die Antwort lautet: Wir besitzen längst genügend Paare und haben womöglich bereits den Überblick verloren. Etabliere heute ein „Second Life"-Konzept für deine vorhandenen Schuhe und erstelle ein kleines Inventar nach Farbe, Form und Anlass. Probiere dazu alle deine Schuhe an: Was nicht (mehr) passt oder unwiederbringlich kaputt ist, kann entsorgt werden. Lieblingsschuhe gegebenenfalls beim Schuhmacher reparieren lassen.

10

FREITAG

DIE LEBENDIGE
KREATUR

Was früher als Hundeleben bezeichnet wurde,
nennt man längst eine widerwärtige Schweinerei –
es ist kaum fassbar, wozu die industrielle
Massentierhaltung im Auftrag ständiger
Gewinnmaximierung imstande ist.
Die Zustände in der Fleisch- und Fischindustrie
sind längst bekannt und werden dennoch toleriert.
Wann vergeht uns endlich das Discounter-
Schnitzel? Freitag ist traditionell ein Fasttag
mit Fleischverzicht. Überlege dir, wenn du nicht
bereits Vegetarier oder Veganer bist, unter welchen
Umständen du wirklich Fleisch essen möchtest und
wann man dir Industriefleisch von gequälten Tieren
quasi untermogelt. Koche dir heute ein fleischloses
Gericht! Das letzte Mal vor dem Frühling können
wir all' die wunderbaren Wintersalate, Kohl- und
Wurzelgemüse genießen. Dazu ein Dessert
aus regionalen Äpfeln oder Birnen;
vielleicht ein englischer Apple Crumble
als krönenden Abschluss?

11

SAMSTAG

VERANTWORTLICH EINKAUFEN

Wer einen Schrebergarten oder ein „Stückle" (wie man in Schwaben sagt) hat, weiß es längst: Gärtnern ist mega-trendy. Schon Kindergärten legen Beete an, Schulklassen bauen Hochbeete und in den Städten gibt es immer mehr Dachgärten. Auf dem Land setzen sich Initiativen der solidarischen Landwirtschaft durch, bei denen gemeinsames Pflanzen, Pflegen und Ernten begleitet ist von Kultur und Austausch auf dem Acker. Diese Konzepte ermöglichen dem Einzelnen, die Verantwortung für seine Lebensmittel selbst zu übernehmen, dabei viel über die Kreisläufe der Natur zu lernen und auch noch Spaß zu haben. Alles mit dem Ziel, ein natürlicheres Leben einkehren zu lassen und für die nächsten Generationen neue Wege zu versuchen. Mach' doch beim nächsten Einkauf einen Halt im örtlichen Unverpackt-Laden. Du wohnst im ländlichen Raum? Besuche einen Hofladen oder erkundige dich nach einer Initiative der solidarischen Landwirtschaft. www.solawi.de

FAKCET

12

SONNTAG

FAKE NEWS ODER:
DER ANGST BEGEGNEN

Regelmäßig werden Studien veröffentlicht, die Sorgen und Ängste der Menschen nach Ländern erheben. Zum 29. Mal hat das Infocenter der R+V Versicherung im Jahr 2020 rund 2.400 Menschen in Deutschland nach ihren größten Sorgen rund um Politik, Wirtschaft, Umwelt, Familie und Gesundheit befragt. Die Deutschen waren so gelassen wie seit 25 Jahren nicht mehr. Tatsächlich zeigte sich auch zu Zeiten der Corona-Krise keine Spur von der sprichwörtlichen „German Angst". Im Fokus standen 2020 die wirtschaftlichen Themen, lediglich übertroffen von der Befürchtung, dass die Politik von Donald Trump die Welt gefährlicher macht – Platz eins der besagten Umfrage. Gibt es ein bestimmtes Thema, das dich sehr belastet? Sammle dazu seriöse Informationen und setze dich damit auseinander.

13

MONTAG

DAS, WAS AUF DER STRECKE BLEIBT

Nicht zuletzt aufgrund des Wohnungsmangels in vielen Städten leben wir oft weit entfernt von unserer Arbeitsstelle. Dass auf dem Weg von und zur Arbeit viel Energie und Lebenszeit buchstäblich auf der Strecke bleibt, kann uns nicht einerlei sein. Zu Stoßzeiten des Berufsverkehrs erleiden viele Städte einen täglichen Kollaps. Anwohner und Fußgänger sind genauso in Mitleidenschaft gezogen wie die Pendler selbst. Wenn du zu dieser Vielfahrer-Gruppe gehörst, wird es Zeit für neue Lösungen. Kannst du womöglich tageweise von Zuhause aus arbeiten? Viele Firmen haben sich für das Home Office geöffnet. Die verbleibende Bürozeit könntest du bündeln und am Arbeitsort bei Freunden oder Familie übernachten. Überprüfe den Weg zu deiner Arbeit. Findest du eine umweltfreundliche Alternative? Suche unter deinen Kollegen Leute, die in deiner Nähe leben. Könnt ihr eine Fahrgemeinschaft bilden?

14

DIENSTAG

ZEIT FÜR DICH
UND DEINE TRÄUME

Das Feierabendbier hat in den meisten Familien oder Kollegenkreisen ausgedient. Seinen Platz übernehmen individuelle Vorlieben, die zum eigenen Tagesablauf passen. Oft ist dieser von Hektik geprägt und erlaubt Entspannung nur in kleinen Schritten. Zur Besinnung kommen gelingt uns am besten mit einem kleinen Trigger, der die Seele streichelt und das Zeichen gibt: Jetzt bin aber ich an der Reihe! Nicht berechnend als „Power Napping", um danach umso fitter wieder mitzumischen, sondern als entspanntes und sinnfreies Bewusstwerden der eigenen Bedürfnisse. Ein flotter Gang um den Block, ein Telefonat, ein Tässchen Tee auf dem Sofa… welches sind deine Vorlieben? Lässt sich aus ihnen dein ultimatives und regelmäßiges Wohlfühl-Ritual ableiten? Viele Menschen sind ständig müde – natürlich kannst du auch richtig träumen und einfach mal wieder ausschlafen.

15

OFFLINE

MITTWOCH

...DENN DER MENSCH IST ANALOG

Suchtverhalten entsteht immer dann, wenn das Belohnungszentrum im Gehirn aktiviert wird. Jede neue Nachricht auf deinem Smartphone trägt dazu bei, dass du komplett greedy nach mehr davon wirst. Kann es sein, dass wir unsere mühsam erworbene Selbstbestimmtheit gerade komplett über Bord werfen? Dass wir bemitleidenswerte Gestalten sind, die ihre Finger zwar von Alkohol, Schokolade oder Zigaretten, aber nicht vom Handy lassen können? Immer auf der Suche nach dem nächsten Aufmerksamkeitskick, der unsere grauen Zellen stimuliert? Was besonders schwer wiegt: Auch in diesem Fall tragen wir eine gesellschaftliche Verantwortung, denn das Smartphone ist ein Klimakiller: Streaming, Mails und SMS setzen unglaublich viel CO_2 frei! Versuche dich heute am Online Detox und lass' das Smartphone aus. Am besten auch alle seine Kollegen.

16

DONNERSTAG

SCHWERGEWICHTE

Geballtes Wissen aus dem Lexikon,
schwere Atlanten mit veralteten Karten –
am Bücherregal lässt sich die Biografie eines
Menschen buchstäblich ablesen. Interessen und
Freizeitbeschäftigungen und was man so las zu
welcher Zeit... Die Bibliotheken von Dichtern und
Denkern werden abfotografiert und originalgetreu
als historisches Erbe der Gesellschaft sorgsam
in Archiven und Gedenkstätten aufbewahrt.
Vielleicht fällt es uns deshalb schwer, diese
Stammbäume der Erinnerung auszusortieren und
den jüngeren Pflänzchen im Regal mehr Platz für
ihre Entwicklung einzuräumen. Widme dich deinem
Bücherregal. Es gibt sicher Bücher, die dich schon
lange begleiten. Welche brauchst du wirklich noch?
Schaffe Ordnung in Rubriken, beschrifte dazu das
jeweilige Genre. Sortiere Bücher aus und spende,
verkaufe oder verschenke sie.

17

FREITAG

WAS DIE OMAS
NOCH WUSSTEN

Das Gemüse gammelt schon leicht?
Der Sahnerest hält der Sinnesprüfung gerade
noch so stand? Statt den Kühlschrank wieder
zuzuwerfen und zu warten, bis übrige Lebensmittel
unwiderruflich hinüber sind, greift jetzt ein
Klassiker in Kittelschürze! Die Muttis früherer
Generationen haben gerade aus Resten oft die
Leibspeisen für ihre Lieben gekocht und dieses
bei der Planung meist gleich mitbedacht. Heute
erinnerst du dich vielleicht ganz sentimental
und retro-mäßig an ein großmütterliches Rezept
deiner Kindheit. Mach' zum Beispiel aus trockenen
Brötchen „Arme Ritter": dazu Milch, Eier, Zucker
und Salz in einer Schüssel verrühren. Brot in eine
flache Schale geben, Eiermilch darüber gießen,
durchziehen lassen. Fett in einer Pfanne erhitzen.
Brotscheiben von beiden Seiten goldbraun braten.
Möglichst mit Vanillesoße highlighten.
www.kochbar.de

18

SAMSTAG

JUTE STATT PLASTIK

Schon einmal hat sich eine ganze Generation zum Plastikverzicht erzogen. Der Spruch „Jute statt Plastik" aus den 80er Jahren genießt Kultstatus – das Thema selbst ist aktueller denn je. Die alte Jutetasche aus kratzigem Rupfen ist zwar fast verschwunden; der „böse Stoff" ist aber immer noch das Plastik! Es scheint eine Frage der persönlichen Haltung, wie aufgeklärt oder ignorant sich sowohl Verbraucher*innen als auch Unternehmer*innen in dieser Frage verhalten. Mit dem kleinen Unterschied, dass es uns heute wirklich leichtgemacht wird, plastikfreie Ersatzbehältnisse zu nutzen. Oder uns auch als Einzelpersonen für die Vermeidung von Plastikmüll einzusetzen, zum Beispiel über die kostenlose App „Replace Plastic". Steht dein Wochenendeinkauf heute an? Nimm in jedem Fall Stoffbeutel, plastikfreie Gemüsebeutel und Aufbewahrungsboxen mit! www.replaceplastic.de

19

SONNTAG

ALOIS, DIE AMEISE

Wir haben so viele Möglichkeiten der Zerstreuung, dass unsere wahre Natur dabei manchmal aus dem Blick gerät. Gerade für Bewohner von großen Städten gilt dies mitunter ganz besonders, wenn der Weg zur nächsten „grünen Lunge" weit ist. Dabei fand das Glück in der Natur schon viel kreative Entsprechung: Kunstgalerien zeigen berückende Meisterwerke von frühen Naturbetrachtungen, Nature Writing ist ein aktueller literarischer Trend, der Landschaft und Natur in Worte fasst und auf dem Papier festhält. Gehe heute raus ins Offene. Nimm alle Geräusche und Gerüche bewusst wahr. Wie riecht der Wald? Findest du einen Ameisenhügel? Beobachte in Ruhe das emsige Treiben. Nimm dir Zeit, einen Quadratmeter Wald- oder Wiesenboden genau anzuschauen. Welche Tiere und Pflanzen kennst du in diesem kleinen Biotop?

20

MONTAG

WELTFRAUENTAG

Traditionell ist der Weltfrauentag ein Tag
der Solidarität, der Bewusstmachung und der
Übernahme von gesellschaftlicher Verantwortung.
Saubere Luft und sauberes Wasser sind schon heute
die neuen Luxusgüter auf der Welt. Wir verbrauchen
in nur fünf Minuten 60 Liter warmes Wasser bei
unserer morgendlichen Dusche, zwölf Prozent
unseres privaten Wasserverbrauchs verursacht
die Waschmaschine. Hier ist Einhalt geboten:
Beschaffe dir einen einfachen Sparduschkopf im
Baumarkt und reduziere so den Verbrauch bei
jedem Duschgang. Bei der Waschmaschine immer
volle Ladung! Günstige Alternative zum Wasser in
Flaschen ist Leitungswasser; versetzt mit Ingwer,
Minze, Zitrone, Gurke oder Beeren schmeckt es
noch besser! Für Mineralwasser sorgt ein eigener
Trinkwasser-Sprudler – produziere es
doch von heute an einfach selbst.

21

DIENSTAG

NICHT OHNE MEINEN ZETTEL

So verrufen die sogenannte „Zettelwirtschaft"
auch sein mag – eine handgeschriebene oder
elektronische Einkaufsliste ist die Master-
Methode für den Großeinkauf. Gut geplant und
gut beschrieben, kannst du mit einer einzigen
Tour locker die ganze Woche abdecken. Das spart
Zeit und Weg und Nerven. Einzige Voraussetzung:
ein gut geführter Einkaufszettel, dem die
Essensplanung zu Grunde liegt. Die Aufgabe
lieber smart lösen? Das Wissensmagazin Galileo
empfiehlt Apps für Einkaufslisten wie „Remember
The Milk" für den Wocheneinkauf oder für große
Feste. Die „Bring! Einkaufsliste" ermöglicht nicht
nur das Teilen des Einkaufszettels mit Freunden,
sondern gibt auch Kochinspiration und macht
Einkaufsvorschläge. „Pon" kannst du zusammen mit
anderen Benutzern bearbeiten und abhaken.
Egal, was du verwendest, auch heutzutage darf
man sich noch das Mehl beim Nachbarn leihen ...

22

MITTWOCH

ODE AN DIE FREUDE

Es ist gut fürs Gedächtnis, stärkt das Erinnerungsvermögen, sorgt für gute Laune, beflügelt den Wortschatz, nimmt die Langeweile, fördert die Kreativität, macht riesig Spaß, gibt es in allen Sprachen ... Wolltest du nicht schon immer ein Gedicht auswendig lernen? Mach' dir zu eigen, was dir gefällt: Klassiker und Balladen, Lieder und Songtexte, Spaßgedichte und Poetry Slam, Hochdeutsch und Dialekt. Zeitgenössische Poesie ist vielen Menschen nicht geläufig, dabei lohnt es sich sehr, damit zumindest Bekanntschaft zu machen. Falls du dich nicht entscheiden kannst, hast du immer noch die Möglichkeit, selbst Literarisches beizutragen. Wenn du Hilfe brauchst: Schreibwerkstätten und Anleitung zum Texten werden an vielen Orten und Bildungseinrichtungen angeboten.

23

DONNERSTAG

USE IT AGAIN, SAM

Die Macht der Gewohnheit erkennt man daran, dass man nicht darüber nachdenkt. Gerade im Haushalt sind Veränderungen schon deshalb schwer, weil der Ablauf immer gleich ist. Doch wenn technische Geräte nicht mehr laufen, müssen sie nicht gleich in den Müll wandern und durch Neuanschaffungen ersetzt werden. Vielleicht können kaputte oder beschädigte Technikgeräte wie Waffeleisen, Nähmaschine, Pürierstab oder Bügeleisen bei einem Reparatur-Treff oder Repaircafé wieder flott gemacht werden. Oft wird die Technik-Werkstatt als regelmäßiger Service angeboten, um kaputten Gegenständen wieder Leben einzuhauchen. Diesen Schritt weg von der Wegwerfgesellschaft kannst du sicher mitgehen: auf dass eigentlich funktionsfähige Geräte wegen eines kaputten Kabels nicht mehr gleich entsorgt werden.

24

FREITAG

FREI VOM SACH-ZWANG

Zwischenzeitlich müsste es schon „luftiger"
um dich herum geworden sein... Das heutige
Freitags-Update nimmt jedenfalls die bisherigen
Errungenschaften in den Blick. Konntest du jeden
Tag einen Bereich oder eine Sache aussortieren?
Weitere Möglichkeiten sind noch: Bilder und
Wandschmuck, CD-Sammlung, Spieleschrank,
Sportutensilien, Handtücher, Elektronik aller Art,
alte Brillenetuis und Geldbeutel, Handtaschen und
Rucksäcke... Ansonsten setzt du heute nochmals
ein Zeichen und kennzeichnest größere „To-dos"
in deiner Wohnung: ein durchgesessenes Sofa,
das zum Sperrmüll muss; eine Wand, die endlich
gestrichen gehört; eine Lampe, die nach Monaten
immer noch nicht richtig aufgehängt ist.
Wie cool wäre es denn, dieses Ärgernis
genau heute zu beseitigen?

25

SAMSTAG

DIE HAUT DES PLANETEN RETTEN

Die riesigen Umsätze der chemischen Industrie setzen sich neben Medikamenten und Kosmetika auch aus Reinigungs- und Putzmitteln zusammen. Oft kaufen wir, was wir von Kindheit an kennen – die bekannten und teuren Marken aus der Fernsehwerbung. Wie verhält es sich mit deinem persönlichen Putzmittel-Sortiment? Muss es der scharfe Reiniger sein, mit dem du dein Umfeld sauber hältst? Womöglich hast du selber ein schlechtes Gefühl dabei, wenn du die Putzhandschuhe überstreifst, um buchstäblich deine eigene Haut zu retten. Doch nur außergewöhnlich Hartnäckiges braucht die chemische Keule! Stelle einen Plan auf, wie du mit einfachen Hausmitteln zumindest den Standardschmutz entfernen kannst. Bestandsaufnahme: Wie viele chemische Putzmittel stehen bei dir im Schrank? Kannst du einige durch Kernseife, Essig, Zitronensäure oder Natron ersetzen?

26

SONNTAG

CARPE DIEM –
PFLÜCKE DEN TAG

Man kann es abhängen nennen, chillen oder träumen: Für manchen ist es ein Grundbedürfnis, andere kostet es Überwindung – eine gedankliche Auszeit öffnet in jedem Fall Freiräume für Ideen und schöpft brachliegende Energiereserven. Dieser Sonntag könnte so ein Tag sein, an dessen Ende du dich fragst „Was habe ich denn heute eigentlich gemacht?" Womöglich kannst du dir nicht erklären, wo denn die Zeit geblieben ist. Gerade das ist Anzeichen und Beweis dafür, dass du deine Sinne erholt hast, deinem Biorhythmus gefolgt bist und deinen Gedanken in Ruhe nachhängen konntest. Womöglich entstehen aus diesem anscheinend „nichtsnutzigen" Tag in der Folge kreative Ideen, die neue Weichen stellen. Freu' dich darauf und ergreife die Chancen, die dir die gewonnene Zeit bietet.

27

MONTAG

FAST FOOD
SELBST GEMACHT

Moderne Vorratshaltung – das war einmal!
Heute sind wir es gewohnt, dass unsere Mahlzeiten
immer und überall erhältlich sind. Oft zu Lasten
des Geldbeutels (teuer), der Umwelt (Verpackung)
und der Gesundheit (Zusatzstoffe, zu viel Fett, Salz,
Zucker). Oft ernähren wir uns schlechter, als wir
es könnten, auch weil das „schnelle Essen" überall
verfügbar ist. Das kannst du besser! Richte dir
gedanklich einen „Experimentierraum Küche"
ein und überlege, was du gerne kochst.
Dein persönlicher Mehrwert: gute Zutaten,
Kräuter statt Fertigwürze und alles nach dem
besten Geschmack – nämlich nach deinem eigenen.
Die Idee: meal prepping oder einfach Kochen
auf Vorrat. Bestimmte Speisen lassen sich gut in
großen Mengen vorbereiten und ohne Einbußen an
Geschmack oder Qualität einfrieren: Tomatensauce,
Suppen, Kichererbsen-Taler, Gnocchi …
mhmm, lecker!

28

DIENSTAG

DER WEG IST DAS ZIEL

Die Pilgerschaft auf dem Jakobsweg ist
Mythos und Magie. Wesentlicher Bestandteil der
Idee ist es, von daheim aus loszugehen und ein
weit entferntes Pilgerziel zu Fuß zu erreichen.
Auch für die europäischen Weitwanderwege,
genannt Sentiers de Grande Randonnées (GR),
die vor allem touristisch genutzt werden, gilt das
Motto „Der Weg ist das Ziel". Das gesündeste und
umweltfreundlichste Fortbewegungsmittel ist es
ja ohnehin, zu Fuß zu gehen. Halte doch mal nach
dem Wegenetz in deiner Umgebung Ausschau –
viele Wanderwege und Themenwege sind sehr gut
ausgeschildert und versprechen wahlweise schöne
Ausblicke und Panorama oder auch sehenswerte
Denkmäler wie Burgruinen oder Grabhügel.
Unterwegs könntest du dich in einem Bauernhof-
Café stärken oder zumindest einen
Regio-Verkaufsautomaten mit
Durstlöschern „überfallen".

29

MITTWOCH

COFFEE TO GO –
CUP TO COME BACK

Kaffeespezialitäten aller Art zum Mitnehmen gehören zu den Annehmlichkeiten unserer Tage. Ein Café au Lait am Morgen oder Cappucchino nach deinem Geschmack hat dir sicher auch schon hin und wieder den Tag gerettet! Damit einher geht allerdings eine nahezu unüberschaubare Flut an gebrauchten Einwegbechern. Viele davon bestehen zwischenzeitlich zwar aus umweltfreundlicherem Material wie Pappe oder Bambus. Dennoch ist die schiere Menge des anfallenden Mülls kaum zu vertreten. Es lohnt sich, dieses Problem für dich heute final zu lösen. Genieße deinen Coffee to go ohne Einschränkung und verwende einen Mehrwegbecher. Du vergisst deinen Becher ständig? In vielen Städten gibt es mittlerweile ein Pfandsystem à la RECUP und REBOWL. Schau' dir mal die Idee an:
www.recup.de

30

DONNERSTAG

IN GUTE HÄNDE
ABZUGEBEN

Wir haben längst viel mehr als die Grundausstattung im Kleiderschrank. Gerade an Oberbekleidung gibt es ein überbordendes Angebot. Doch sind die Standardteile in allen Größen wirklich das ultimative Stilelement in deiner Garderobe? Setze ein Zeichen für Umwelt und Individualität und nimm dir Zeit für die Suche nach besonderen Teilen für deinen Look. Auch Accessoires wie Taschen und Schmuck bekommst du in großer Auswahl aus zweiter Hand. Was gefällt, trägst du bis zum „Geht-nicht-mehr" – Überflüssiges gibst du selbst wieder in den Kreislauf zurück. Wie das geht? Nimm heute Kontakt auf mit Second Hand-Läden in deiner Nähe. Interessant ist das Kleiderkreisel-Konzept: www.kleiderkreisel.de

31

FREITAG

IM EINKLANG SEIN

„Glücklich leben und naturgemäß leben ist eins." Dieses Zitat stammt von Seneca, der im 1. Jahrhundert nach Christus lebte. Unsere Lebensverhältnisse haben sich seitdem zwar grundlegend gewandelt, der Gedanke behält jedoch seine Gültigkeit genauso wie vor zweitausend Jahren! Wir können vieles tun, um gemäß der Natur zu leben. Eine ganz wichtige Rolle spielen dabei unsere Lebensmittel. So ursprünglich und regional wie du einkaufst, so gesund und wertschöpfend ist das Obst und Gemüse, das du in deinem Körbchen nach Hause trägst. Auf den Wochenmarkt gehst du vielleicht schon ab und zu; welche weiteren Einkaufsmöglichkeiten gibt es im Umkreis? Die direkte Vermarktung erkennst du an Milchtankstellen und Regiomaten, an Öffnungsschildern für Hofläden, an Angeboten für erntefrische Gemüsekisten, die auch „im Abo" geliefert werden.

32

SAMSTAG

EINE FRAGE
DER NACHFRAGE

Viele Kosmetikprodukte sind nicht nur in Plastik verpackt, sondern enthalten neben anderen gesundheitsschädigenden Unheilsstoffen auch heute noch Mikroplastik. Die Verbraucherzentrale Deutschland berichtet, dass schwer abbaubare Kunststoffe in flüssiger und fester Form eingesetzt werden und ein Teil davon eben auch in die Gewässer und Meere gelangt. Als Mikroplastik werden dabei vor allem feste Teilchen kleiner 5 mm bezeichnet. Achte beim nächsten Einkauf darauf: Wo ist Mikroplastik enthalten? Könntest du dieses Produkt durch ein anderes ersetzen? Zertifizierte Naturkosmetik mit Siegel enthält keine Kunststoffe aus Mineralöl. Diese App könnte dir helfen: https://codecheck-app.com

33

SONNTAG

WO DU ENERGIE SCHÖPFST

Sogenannte Sehnsuchtsorte sind oft
menschengemacht und entstehen durch die
Marketingstrategien der Tourismusindustrie.
Heute teils mit unerwünschten Nebeneffekten:
Insta-Orte werden für das eine perfekte Selfie
überrannt, Landschaft verkommt zur bloßen
Kulisse. Die solchermaßen „bereisten" Menschen
vor Ort erkennen ihre eigene Heimat nicht mehr,
leiden unter dem Verkehrsinfarkt, dem Müll und
den vielen Rücksichtslosigkeiten, die anonyme
Gäste automatisch mit sich bringen. Fühlst du dich
eher zu den stillen Orten hingezogen, wenn du
Erholung für Körper und Geist suchst? Ein
solcher Trend ist zum Beispiel das Waldbaden.
Aber auch Orte der Erinnerung, der Freude,
der Kindheit können energetisch wirken.
Dein persönlicher Kraftort kann eine Wiese,
eine Waldlichtung, eine Kirche oder
einfach dein Lieblingssessel sein!

34

MONTAG

SIMPLIFY – ODER:
WAS IST WIRKLICH WICHTIG

Die Woche beginnt mit einem Exempel: Die
Schublade oder der Schrank mit dem meisten
Krimskrams wird heute „verordentlicht"!
Gibt es einen Schrank oder eine Schublade, in
die du fast nie schaust; wo sich der „Kruscht"
einfach ansammelt? Gehe diesen Schrank, diese
Schublade heute bewusst an. Nimm alles heraus
und überlege, was entsorgt oder verschenkt werden
kann und was bleibt. Hast du schon von der Idee
der Bedeutungsaltäre gehört? Sie besagt, dass
wir unbewusst die wichtigen Erinnerungsstücke
an bestimmten Stellen „clustern" und dass diese
Stellen selbst von unbeteiligten Dritten wie
Altäre gesehen werden können. Solltest du solche
Bedeutungsaltäre finden, denk daran: Sie sind auf
die eine oder andere Art wichtig für dein Leben.
Prüfe genau, ob ihre Zeit schon gekommen
ist; wenn ja, kannst du sie natürlich unbesorgt
abbauen. Wenn nein, werde kreativ und
mach' (Lebens-) Kunst daraus!

35

DIENSTAG

FRÜHLINGSERWACHEN

Ein bunter Blumenstrauß ist ein Klassiker
und in vielen Familien Tradition an Geburtstagen
oder als Mitbringsel zu Familienfeiern. Gerade
im Frühling ist die Sehnsucht groß nach den
blühenden Farbtupfen in der Wohnung. Blumen
sind auch das i-Tüpfelchen auf einer edlen Tafel.
Im Alltag kann ein Blumenschmuck lange Freude
machen, wenn man sich abseits der kurzlebigen
Schnittblume für neue Ideen öffnet: Viele
Topfpflanzen blühen aus Leibeskräften und in allen
Farben, manche sogar über das ganze Jahr hinweg.
Lass' dich in der Gärtnerei deines Vertrauens
beraten. Zimmerpflanzen verbessern außerdem das
Raumklima und sind somit gerade in Hitzesommern
eine erstklassige Anlage. Inspiration geben
Blumenschauen aller Art; auch an der modernen
Bepflanzung in manchen Städten kannst du dich
blumenmäßig sattsehen, ohne selbst
zum Messer zu greifen.

36

MITTWOCH

DIE FREIHEIT DER KÜNSTE

Früher oder später entsteht in den meisten Haushalten eine Weihnachts- und eine Osterkiste. Hauptbestandteil: Deko-Artikel, die man geschenkt bekam oder in einer spontanen Anwandlung selbst gekauft hat. Auch häufig: Bastelgeschenke aus dem Kindergarten, die alle Jahre wieder ihren Ehrenplatz bekommen. Hier noch weitere Elemente dazu zu kaufen, scheint unpassend – ist der Stilmix doch bereits weit fortgeschritten und kann die Lage allenfalls verschlimmbessern. Nach dem Motto „back to the roots" kehrst du zurück zur Schlichtheit und dem klassischen Osterei! Versuche vorsichtig, ein paar Eier auszublasen (Inhalt zum Kuchenbacken verwenden). Die Eier kannst du mit Handlettering nicht nur verzieren, sondern zu richtigen Aktions-Eiern machen: Zeichne deine guten Wünsche und Werte darauf, greif' auf Songtexte und -zitate zurück oder betätige dich in Buchmalerei mit den Initialen deiner Liebsten.

37

DONNERSTAG

ALLES HAT SEINE ZEIT

Hast du deine Einkaufsgewohnheiten schon überprüft und gehst öfter auf dem Wochenmarkt oder im Hofladen einkaufen? Dann bist du fein raus, denn im Discounter ist es schlicht nicht möglich, die tatsächlichen Saisonzeiten für Obst und Gemüse herauszufinden. Es ist alles fast immer verfügbar – und oft sieht man nicht, welch lange Reise das junge Gemüse womöglich schon hinter sich hat! Dabei macht es großen Spaß, mit dem, was gerade geerntet wird, auch die Jahreszeiten zu zelebrieren. Beim Obst wird im April der Rhabarber feilgeboten. Es folgen Erdbeeren, Kirschen und die meisten anderen Beeren. Äpfel und Birnen, Weintrauben und Zwetschgen gibt es bis in den Oktober. Lass dich inspirieren: Saisonkalender für Obst, Gemüse und Salat gibt es zum Beispiel unter www.regional-saisonal.de mit Möglichkeit zum Selbstausdruck.

DER INNERE KRITIKER

Vielleicht ist es die Kehrseite unseres
aufgeklärten Bewusstseins: Bei jeder Handlung
spricht ein schlechtes Gewissen mit, das uns einen
angeblich besseren Weg weist. Haderst du oft mit
deinen Worten und Taten? Schmälerst du selbst
deine Freuden und Erfolge? Ein psychologisches
Phänomen ist die Verstärkung des schlechten
Gewissens, der sogenannte innere Kritiker.
Seine Stimme aus dem Off kann den Platz eines
kritischen Menschen aus der Familie oder aus der
Vergangenheit einnehmen und womöglich keinen
einzigen guten Strich und Faden an uns lassen.
Seine Kritik hallt in uns wider und bezieht sich auf
Äußerliches und Inneres, auf (nicht) Gesagtes und
(nicht) Getanes. Da man es dem inneren Kritiker nie
recht machen kann, ist seine Meinung unerheblich.
Versuche, dich heute den ganzen Tag für
das wertzuschätzen, was du bist
und was dich ausmacht.

Love

39

SAMSTAG

BUNTE WELT
AUS DER NATUR

Alle Farben des Regenbogens gibt es heute
zu kaufen. Doch wie färbt man natürlich und ohne
chemische Zusätze? Ostereier jedenfalls kannst
du mit natürlichen Farben bunt machen, zum
Beispiel mit Roter Beete oder roten Speisezwiebeln
(rot), Kurkuma und Kamillenblüten (gelb), Spinat
oder Brennnesseln (grün), Schwarzem Tee, Kaffee
oder Zwiebelschalen (braun) und Heidelbeeren,
Fliederbeeren oder Rotkohlblättern (blau und lila).
Koche die Pflanzen in einem Liter Wasser zu einem
Sud auf (am besten einen alten Topf dafür nehmen).
Die Eier sollten für eine Viertelstunde
ca. zwei Zentimeter unter Wasser liegen.
Achte auch auf die Qualität der
verwendeten Eier (Bruderhuhn-Initiative,
mobile Bio-Ställe Hennriette).

40

PALMSONNTAG

UMSONST & DRAUSSEN

**Eine Radtour oder ein Spaziergang in
Feld und Wald erfrischt die Sinne und bietet
dir ganz nebenbei eine Fülle an Materialien
für das Osterfest. Selbst bekannte Wege
eröffnen je nach Jahres- und Tageszeit immer
neue Ein- und Ausblicke. Traditionelles
Brauchtum wie Palmen an Stalltüren wirst
du am ehesten auf dem Land entdecken.
Auch die Osterbrunnen sind vielerorts
eine wiederkehrende Tradition. Lass dich
inspirieren und kombiniere Traditionelles mit
deinem eigenen Style. Passende Deko für
Ostern kannst du natürlich auch in der Natur
finden. Moos, Wurzeln, Zweige, vielleicht
auch eine schöne Feder machen deinen
Ostertisch zum absoluten Hingucker.**

41

MONTAG

WER SCHERT SICH
UMS GESCHENKPAPIER?

Gerade bei kleinen Geschenken zeigt die
Verpackung manchmal mehr Wirkung als der ganze
Inhalt. Doch ist es wirklich so gedacht, dass Papier
und Glitzerband deiner Geschenkidee die Schau
stehlen – oder wäre eine thematisch passende
Umhüllung womöglich ganz leicht selbst gemacht?
Bestimmt hast du das eine oder andere Geschenk
für Ostern gekauft. Mach' dir einen Spaß daraus,
deine Schätze wirklich individuell zu verpacken!
Dazu kannst du natürlich bereits vorhandenes
Geschenkpapier verwenden; noch schöner
ist es aber, es selbst zu basteln.
Verwende dafür beispielsweise alte
Landkarten, bunte Zeitschriften und
alte Zeitungen, Bindfaden
oder Wollreste.

42

HASE IN STANNIOL

Auch wenn die Stanniolverpackung größtenteils vom – billigeren – Aluminium verdrängt worden ist: Industriell hergestellte Hasen, Lämmchen, Küken und Eier aus Schokolade erfreuen sich größter Beliebtheit und werden von vielen Nahrungsmittelkonzernen produziert. Dabei macht nicht nur die Verpackung nachdenklich, sondern auch die Schokolade selbst. Ein Problem ist das fast immer verwendete Palmöl. Die zunehmende Zahl der Ölpalmen-Plantagen zerstört Regenwald und sorgt für erhebliche ökologische und soziale Probleme in den Erzeugerländern. Bei der Raffination von Palmöl entstehen Schadstoffe, darunter auch solche, die möglicherweise krebserregend sind. Muss es immer Schokolade zu Ostern sein? Wie wäre es mit selbstgemachten Müsliriegeln oder mit selbstgemachten Cookies?

43

MITTWOCH

OSTER-STATEMENT

Ein Osternest ist vom Begriff her zwar an ein Vogelnest angelehnt, kann aber jegliche erdenkliche Form einnehmen. Wenn du in diesem Jahr ein bisschen Zeit investierst, kannst du Osternester zum Wiederverwenden basteln, zum Beispiel aus Pappe oder Holz. Auch ein Osternest zu backen – das sieht dann aus wie ein runder Hefezopf – ist möglich, aber anspruchsvoll. Grundsätzlich eignet sich alles als Unterbau, was wie ein Körbchen oder ein Teller geformt ist. Vielleicht bekommst du auf einem Markt kleine Weidenkörbchen bei einem Korbflechter, die er in Handarbeit gefertigt hat. Oder Osterteller bei einem Töpfer. Alles kannst du jedes Jahr mit neuer Deko wiederverwenden. Oder versuche dich an einem selbst gebastelten Osternest, z.B. aus Eierkartons.

44

GRÜNDONNERSTAG

DIE SUPPE AUSLÖFFELN

Oft sind wir zu satt, überarbeitet oder schlicht zu bequem, uns die Notlage anderer anzusehen. Heute könnte ein Tag sein, sich mit großen Fragen zu beschäftigen. Denn es fehlt an Gerechtigkeit in dieser Welt. Unser überbordender Fleischkonsum geht zu Lasten Millionen lebendiger Rinder, Schweine und Hühner in der Massentierhaltung. Die Regenwälder werden für Steaks abgeholzt und Millionen Menschen sind auf unsere Hilfsprogramme angewiesen, weil sie auf dem Weltmarkt nicht mithalten können. Es ist erforderlich, sich die Zusammenhänge klarzumachen und genauso wichtig ist es zu handeln. Informationen sind bei Brot für die Welt oder MISEREOR online erhältlich. Gründonnerstag ist ein traditioneller Fasttag. Willst du mitmachen? Suche ein Rezept für eine Fastensuppe.

45

KARFREITAG

RÜCKBLICKEN – EINORDNEN – SCHLUSSFOLGERN

Komme vor Ostern zur Ruhe. Welcher Konsumverzicht ist dir in den letzten Wochen leichtgefallen? Und wo war es vielleicht etwas schwerer? Bist du aktiv an die Challenges herangegangen; hast ausprobiert, umgesetzt und die Gestaltungsfreiheit über dein Leben ein Stück weit zurückgewonnen? Oder warst und bist du eher innerlich in Bewegung – auf der Suche nach dem, was für dich persönlichen Sinn macht und welche Bereiche du vielleicht mit in deine Zukunft nehmen willst? Es gibt keine absolute Konsequenz in der Welt, in der wir leben – es gilt, Widersprüche auszuhalten und unser Bestes zu geben. Wenn du das große Ganze hinterfragst und im Blick behältst und dir gleichzeitig kleine Rituale, Auszeiten und eine Portion Neugier auf Experimente bewahrst, hast du eine ganze Menge für dich erreicht.

46

KARSAMSTAG

VORSÄTZLICH
NACHDRÜCKLICH

Die ersten 100 Tage des neuen Jahres sind um. Erinnerst du dich noch an die guten Vorsätze vom Silvestertag? Was ist daraus geworden? Lass die Wochen seit dem ersten Januar Revue passieren – welche Bilder fallen dir dazu ein? Ist ein Sturm durch dein Leben gefegt oder gab es hundert Tage plätschernde Bächlein? Was hast du geschafft? Und was willst du mit neuer Motivation angehen? Natürlich hat ein Tag wie Silvester eine große Symbolkraft. Entscheidend ist aber zu sehen, dass sich jeder Tag zum (kleinen oder großen) Aufbruch aus Gewohnheiten und Denkmustern eignet. Buchstäblich an jedem einzelnen Tag im Leben können wir neu anfangen – keiner ist dafür besser oder schlechter geeignet und mehr oder weniger erfolgsversprechend! Wenn du noch kein Tagebuch führst, dann beginne es heute. Schreib' deine Gedanken nieder und erfreu' dich daran.

47

OSTERSONNTAG

IN DER FÜLLE
DES LEBENS BADEN

Regional ganz unterschiedlich, gibt es wunderschöne Osterbräuche. Von den kirchlichen Klassikern wie einer zu Herzen gehenden Osternacht in einer verdunkelten Kirche bis zu Ostermahl und Osterkaffee im Kreis der Familie – dazwischen werden Ostereier gesucht, Osterkerzen angezündet und in manchen Landstrichen wird gar am Osterrad gedreht. Aus der fränkischen Schweiz kommt die Tradition der geschmückten Osterbrunnen. Die Sitte des Ostereier-Suchens wurde sicherlich auch schon in deiner Kindheit praktiziert. In diesem Jahr ist alles etwas anders: Seit Aschermittwoch trainierst du dein Bewusstsein in Sachen Konsumverzicht. Vieles hat sich geändert, einiges ist dir vielleicht zur Selbstverständlichkeit geworden. Heute soll die Freude über allem stehen – feiere das Osterfest, feiere das Leben!

48

OSTERMONTAG

OSTERSPAZIERGANG

Am Ende ihres Lebens bedauern alte Menschen es häufig, nicht mehr Zeit mit ihren Lieben aus der eigenen Familie oder mit Freunden verbracht zu haben. Oft waren die Zeiten zu fordernd, die Arbeit zu anstrengend, die Besuche zunehmend weit oder aufwendig. Genieße heute bewusst den Tag mit deiner Familie und mit deinen Freunden! Welche Menschen sind dir wichtig? Sei freigebig mit deiner Zeit und teile schöne Erlebnisse mit ihnen. Sollte das Wetter nicht zu einem frühlingshaften Spaziergang einladen, kannst du auch mit einem Besuch in einer Kunstgalerie, einem Museum oder einem Konzert diesen Tag besonders feierlich gestalten. Je nachdem, wer deine Lieblingsmenschen sind, geht das natürlich auch auf einer Halfpipe, einem Mountainbike-Trail oder in einem Streichelzoo.

BILDNACHWEIS